L'AMANT DÉGUISÉ
OU
LE JARDINIER SUPPOSÉ,
COMÉDIE EN UN ACTE,

Mêlée d'Ariettes;

Représentée pour la première fois par les Comédiens Italiens ordinaires du Roi, le Samedi 2 Septembre 1769.

La Musique est de M. PHILIDOR.

Le prix est de 24 sols.

A PARIS,

Chez la Veuve Duchesne, Libraire, rue Saint-Jacques, au-dessous de la Fontaine S. Benoît, au Temple du Goût.

M. DCC. LXIX.

Avec Approbation & Privilége du Roi.

AVERTISSEMENT.

CETTE bagatelle fut représentée au Théâtre Italien au mois de Juin 1756, fous le titre de la *Plaifanterie de campagne :* elle fut reçue avec plaifir ; fon fuccès fut interrompu par la maladie & la mort de Mademoifelle Silvia. On a cru pouvoir remettre cette Piece au Théâtre, en y ajoûtant des Ariettes pour fe conformer au goût dominant. M. Philidor a bien voulu fe prêter à cette tentative, & nous efperons que le public aura affez de bonté pour nous favoir gré des efforts que nous avons faits pour contribuer à fon amufement.

ACTEURS.

JULIE, en homme de Robe,   *Madame Trial.*

Madame DE MARSILLANE,
  Provençale,   *Madame Favart.*

LUCILE, fille de Madame de
  Marsillane,   *Mlle Beaupré.*

CLITANDRE, Amant de Lu-
  cile, travesti en Jardinier
  sous le nom de Guillaume,   *M. Clairval.*

MATHURIN, Jardinier,   *M. la Ruette.*

UN NOTAIRE,   *M. Nainville.*

Madame LA COMTESSE, ⎫
Le Frère de Julie, ⎪
DAMIS, Amant de Julie, ⎬ *Personnages muets.*
Et autres personnes de leur Com- ⎪
  pagnie. ⎭

Laquais, Jardiniers & Jardinieres, & autres
  Domestiques de la maison, qui forment le Divertissement.

LE JARDINIER SUPPOSÉ,

COMÉDIE EN UN ACTE,

MÊLÉE D'ARIETTES.

Le Théâtre représente un Jardin décoré. A droite est un corps de bâtimens où l'on remarque un balcon saillant. Dans le fond est un pavillon dont le rez-de-chaussée offre un sallon où doit se passer une partie de l'action théâtrale.

SCENE PREMIERE.

JULIE en Robin, MATHURIN.

ARIETTE DIALOGUÉE.

JULIE.

QUE veux-tu, Mathurin?

A

MATHURIN.

Madame !

JULIE.

Appelle-moi Monſieur.

MATHURIN.

Qui ? vous Monſieur ?

JULIE.

Oui , moi Monſieur.

MATHURIN.

Ah ! le plaiſant Monſieur !
Nier que l'on eſt femme
Ayant un ſi bon cœur !

JULIE.

Appelle-moi Monſieur.

MATHURIN.

Ah ! le plaiſant Monſieur !

JULIE.

Je veux être obéie ,
Appelle-moi Monſieur.

MATHURIN.

A voir cette mine jolie ,
Ce regard enchanteur ,
Cette blancheur qui fait envie ,
Je défie
Que tout connoiſſeur
Ne s'écrie :
Ah ! le plaiſant Monſieur !

JULIE.

Appelle-moi Monsieur.

MATHURIN.

Eh bien ! oui, oui, Monsieur Julie.

JULIE.

Aujourd'hui ce n'est plus mon nom,
Je suis le Conseiller Vernon.
Quand je suis à Paris, chaque moment m'expose
A voir de sots Amans tourner autour de moi :
L'un a le maintien libre, & l'autre se compose ;
Ils ont tous le jargon & l'air de leur emploi,
 Et pour dire la même chose,
 Chaque état a son style à soi.

ARIETTE.

Lorsque je suis à la campagne,
Je les contrefais tour-à-tour.
Toujours la gaité m'accompagne,
Je change d'habit chaque jour.
Hier Officier jeune & leste,
Aujourd'hui Robin empesé,
Et demain, faussement modeste,
D'un Abbé j'aurai l'air pincé.

MATHURIN.

C'est prendre un bon parti ; mais votre belle-mere
 Vous écrit pour vous prévenir
Que deux Dames ici doivent bien-tôt venir.

JULIE.

Ne fera-t-elle pas chez elle la premiere
Pour faire les honneurs?

MATHURIN.

Lifez; vous l'allez voir.

JULIE.

Mon frere eft avec elle; on les attend ce foir.

(*Elle lit.*)

» Je vous annonce dès ce matin Madame la
» Comteffe de Marfillane. Elle ne doit arriver
» que demain; mais l'impatience d'être mariée
» la tient; elle a la vocation Provençale. Vous
» favez que je l'ai ménagée pour votre frere qui
» n'eft qu'un cadet de Normandie. Il trouvera
» très-jolie une veuve bien riche. Elle amene fa
» fille pour la gronder & non pas pour la marier.
» Je n'arriverai qu'après fouper à caufe de la
» grande chaleur. Faites bien des galanteries à no-
» tre Comteffe. Mettez en jeu toute votre gaité,
» afin qu'elle s'applaudiffe d'époufer quelqu'un
» dont la belle-fœur eft fi aimable.

JULIE.

Je conçois un projet.... c'eft une efpiéglerie....
Pour mon frere aujourd'hui, je veux faire l'amour.

MATHURIN.

C'eft jouer à la veuve un affez mauvais tour.

JULIE.

Ma gaité ne peut en ce jour

Se refuſer cette plaiſanterie.

Ainſi , d'abord qu'elle viendra ;

Mathurin , garde-toi de me faire connoître ,

Je joûrai le Monſieur.

MATHURIN.

Peut-être

Pas autant qu'elle le voudra.

JULIE.

Je brûle de la voir paroître ;

Ne me trahis point , ſois diſcret ,

J'ai pour moi-même un intérêt ſecret.

MATHURIN.

(*D'un ton de confidence.*)

Vous aimez le plaiſir ? on lui donne une fête.

Chut... pour minuit je la tiens prête ,

Quand ma Maitreſſe arrivera.

JULIE.

Bon ! bon !

MATHURIN.

Il ne faut pas que l'on ſache cela.

JULIE

Non.

MATHURIN.

Apprenez encor une choſe plaiſante :

Un jeune & joli Cavalier

Se déguiſe en ces lieux , & chez moi ſe préſente

En qualité de Garçon Jardinier.

JULIE.

Qui !

A iij

MATHURIN.

De cette Comtesse il aime fort la fille :
On dit qu'elle est vraiment fraîche, vive & gentille.

JULIE.

Par où peux-tu savoir ce fait ?

MATHURIN.

Le valet du Monsieur m'a raconté la chose.

JULIE.

Pourquoi l'amene-t-il ?

MATHURIN.

Il m'en a dit la cause :
Le Maître ne sait pas se servir.

JULIE.

Le Valet
Ne sait pas se taire ? Ah, quel rôle
Je m'apprête à jouer ! Mets-le dans l'embarras.

MATHURIN.

Oh ! fiez-vous à moi ; je n'y manquerai pas.

SCENE II.

CLITANDRE en *Jardinier*,
JULIE, MATHURIN.

MATHURIN.

Tenez, tenez, Monsieur, voilà ce jeune drôle,
Dont je vous ai parlé.

JULIE.

J'en suis assez content.
Il a de la figure ; il n'a pas l'air manant.

CLITANDRE.

Monsieur........

JULIE.

Oui, j'aime assez sa mine.

MATHURIN.

Mais avant tout, il faut que j'examine
S'il est au fait de sa profession.

CLITANDRE, *à part.*

Que dire ?

MATHURIN.

Il faut avoir du zèle ;
Et je serai pour vous un excellent modèle,
Si vous devenez mon garçon.

CLITANDRE.

J'aime beaucoup l'agriculture.

A iv

Je viens ici pour obferver
Les richeffes de la nature....

JULIE, *ironiquement.*

Que vous voudriez cultiver.
Comme il parle avec élégance !
On vous prendroit pour quelqu'un d'importance.
Ce n'eft point là le ton des payfans.

CLITANDRE, *à part.*

Oh ! je me trahirai. (*haut.*) Dès ma plus tendre
enfance,
J'avois reçu de mes parens
De l'éducation ; ils étoient dans l'aifance.
Ils perdirent leurs biens, & pour fuir l'indigence,
Il m'a fallu prendre un métier,
Et je me fuis fait Jardinier.

MATHURIN.

ARIETTE.

Un jardinier eft un grand homme,
S'il fait bien fon métier ;
Et c'eft un favant aftrolome,
S'il eft bon Jardinier.
Les tonneres & les orages,
L'effort des mauvais vents,
Ne produifent point de ravages,
S'il fe connoît au tems.

JULIE, *toujours d'un ton ironique & de plaifanterie : c'eft ce qui conftitue le caractère de fon
rôle jufqu'à la fin de la Piece.*

Quand il voit la terre amoureufe]

Qui fourit au Printems,
D'une influence heureufe
Il faifit les inftans :
Il vifite, il découvre
Ses nouveaux plants.
Le jeune bouton qui s'entr'ouvre
Fixe fes regards careffans.
Il contemple, il admire ;
On l'entend dire :
Tendres fleurs, paroiffez,
Naiffez ;
Les vents font paifibles,
Les jours font doux ;
Approchez-vous,
Uniffez-vous :
Preffez les cœurs fenfibles
De faire comme vous,

CLITANDRE.

En vantant cet état, vous en donnez envie,
Et l'on eft trop heureux d'y confacrer fa vie ;
Vous en faites fentir toute l'utilité.
Et c'eft bien mon projet....

MATHURIN.

En êtes-vous bien digne ?
Prouvez-moi votre habileté.
Savez-vous dans quel tems on doit tailler la vigne ?

CLITANDRE.

Mais.... c'eft dans le mois de Janvier.

MATHURIN.

Bien répondu : l'excellent ouvrier !
Savez-vous des pêchers & des Abricotiers
Elaguer les branches gourmandes
Qui ne portent jamais de fruit ?

CLITANDRE.

Cela dépend.

JULIE.

Il paroît fort inftruit.

CLITANDRE.

Mais peut-on faire ces demandes ?

JULIE.

Voulez-vous bien me dire votre nom ?

CLITANDRE.

Guillaume.

JULIE.

Ah ! Guillaume eft fort bon.

MATHURIN.

Combien demandez-vous de gages ?

CLITANDRE.

Eh ! mais, c'eft felon les ouvrages.

MATHURIN.

Si ce n'eft que cela, je vous en donnerai ;
Labourez ce quinconce, armez-vous de courage.

CLITANDRE, à part.

Je fuis fûr que j'expirerai
Le premier jour de mon apprentiffage.

JULIE.

Mathurin, il faut faire éclater votre goût,
 Elaguez bien vos paliſſades.
 Pour l'agrément des promenades,
  Que le rateau paſſe par-tout.
Qu'on cherche le concierge & chaque domeſtique,
 Que la maiſon ſoit nette, qu'on s'applique
  A rendre le parquet bien clair;
  Qu'aux chambres on donne de l'air.

MATHURIN.

Vous ſerez ſatisfait, Monſieur, de mon ſervice,
Et je vais à chacun aſſigner ſon office.

JULIE.

Et vous, Guillaume, allez marier des œillets
 Avec des fleurs de la plus rare eſpece :
Pour les Dames il faut en faire des bouquets.
 Dans votre état c'eſt une politeſſe.

CLITANDRE.

Ce n'eſt pas d'aujourd'hui que je m'entens en fleurs.
 Mes connoiſſances naturelles
Me donnent le talent d'aſſortir les couleurs.

JULIE.

Vous ſavez ce qu'il faut pour contenter les belles.

      (*Il ſe retire.*)

 Voici l'inſtant de prendre le détail
Des graces, des façons qui conduiſent à plaire.
Jouons l'homme important; voilà le ſeul travail
Où l'on n'a pas beſoin d'avoir un Secrétaire.

SCENE III.

Madame DE MARSILLANE, JULIE, LUCILE, CLITANDRE.

Madame DE MARSILLANE.

JE ne puis me laffer d'admirer ce Château ;
L'entrée en eft fuperbe & la vue eft immenfe.
　　　　Affurément dans toute la Provence,
Le goût eft recherché ; mais n'eft pas fi nouveau.

JULIE.

　　　　Madame, j'aurai l'avantage
　　　　De vous faire ici les honneurs ;
Madame la Comteffe eft dans le voifinage.

Madame DE MARSILLANE.

　　Sans doute chez de grands Seigneurs.

LUCILE, *à part.*

Clitandre en Jardinier ! Ah ! je fuis confondue !
　　O Ciel ! Quelle indifcrétion !

CLITANDRE.

Pourrai-je me contraindre en m'offrant à fa vûe ?

LUCILE, *à part, en appercevant Clitandre qui paroît dans le fond du Jardin.*

Je fuis troublée ! ....

Madame DE MARSILLANE.

　　Eh bien ! que regardez-vous donc ?
　　Vous me paroiffez toute émue.

LUCILE.

J'admirois du Jardin la diſtribution.

JULIE.

ARIETTE.

Que la Campagne
Eſt un ſéjour heureux !
Douce Compagne
Y ſourit à nos vœux.
La connoiſſance
S'y fait d'abord ;
La confiance
N'a jamais tort.
Sans ſoins, ſans gêne,
Tout eſt loiſir ;
La ſeule chaîne
Eſt le plaiſir.

Madame DE MARSILLANE.

Oui, la campagne eſt raviſſante :
Mais je n'y borne point mon goût.
Mon humeur, en tout tems enjouée & ſaillante,
Empreint tous les objets de ſa couleur riante,
Et je tire parti de tout.

ARIETTE.

J'aime la Ville, elle eſt bruyante.
Je me plais dans le tourbillon ;
Et tout ce qui me rend contente,
C'eſt le carillon, le carillon.

On court la matinée entiere,
On trouve à chaque pas
Des embarras :
Garre , garre derriere.
Une beauté minaudiere
Met la tête à la portiere,
Crie au cocher : n'avancez pas.
Le soir au spectacle on s'assemble,
Ensuite on soupe ensemble.
On est faux poliment,
On se hait si gaiment ;
C'est un ravissement,
C'est un plaisir charmant.
Sans que le cœur s'épanche,
La tête s'étourdit ;
On passe une nuit blanche,
Sans savoir ce qu'on dit.
L'aurore vous ramene,
Et l'on est tout surpris,
De voir qu'on sait à peine
Le nom de ses amis.
J'aime la Ville , &c.

Je trouve cependant cette Maison charmante.
(*Appercevant Clitandre.*)
C'est-là le Jardinier ?

JULIE.

Vous en serez contente.

C'eft un garçon plein d'éducation,
Et qui, fur fon métier a beaucoup de lumieres.
Et de plus il a l'air, le ton & les manieres
D'un homme de condition.

Madame DE MARSILLANE.

Etant ici, c'eft, fuivant l'apparence,
Le meilleur Jardinier de France.

JULIE.

Guillaume, approchez-donc, vous n'êtes pas galant;
Venez, & faites-voir le Jardin à ces Dames.

CLITANDRE, à part.

Voici l'inftant critique.

Madame DE MARSILLANE.

Il paroît indolent.
Etes-vous étonné quand vous voyez des femmes?

CLITANDRE.

Madame, point du tout.

Madame DE MARSILLANE.

Il eft dans l'embarras.

JULIE, à part.

Je vais bien l'y jetter encore davantage.

Madame DE MARSILLANE.

Lucile en cet inftant détourne le vifage,
Pour rire apparemment?

LUCILE, troublée.

Oui, ma mere.

JULIE.

En tout cas

Rire aifément eft de fon âge.

Madame DE MARSILLANE.

La jeuneffe à préfent n'a qu'un rire apprêté.
A Marfeille, autrefois, quand je fus mariée,
C'eft-là ce qu'on pouvoit nommer de la gaité.
Je riois, je riois à gorge déployée.

JULIE, *à Clitandre.*

Vous voilà droit comme un piquet.
Qui vous rend donc fi timide, Guillaume ?

CLITANDRE, *à Madame de Marfillane.*

Madame, fi j'ofois vous offrir un bouquet ?

Madame DE MARSILLANE.

Avec très-grand plaifir. Quelle odeur ! Il embaume.
Donnez-en à ma fille.

CLITANDRE, *bas.*

Ah ! Lucile !

LUCILE, *bas.*

Ofez-vous ?

CLITANDRE, *bas.*

Je vous adore.

JULIE.

On ne doit qu'à genoux
Offrir des fleurs à la beauté naiffante.
De la Divinité c'eft l'image vivante.
Peut-on, en l'adorant, s'attirer fon courroux ?
Profternez-vous, Guillaume.

CLITANDRE.

CLITANDRE.

Eh ! mais.....

LUCILE.

Monfieur plaifante.

JULIE.

Non, non, c'eft un ufage établi parmi nous.
A genoux.

CLITANDRE.

M'y voilà, puifque Monfieur l'ordonne.

Madame DE MARSILLANE.

En vérité, ce garçon-là m'étonne.
Ses yeux parlent, fon air eft fi tendre & fi doux !
C'eft affez, mon garçon; levez-vous, je fuis bonne.

CLITANDRE, à *Lucile.*

ARIETTE.

Je n'ofe pas
Dire ce que je penfe ;
Mais j'admire en filence,
Et la diftance
Des états
Produit mon embarras.
Si quelque Jardiniere
M'offroit autant d'attraits ;
Sans craindre fa colere,
Tendrement je dirois :
Mon amour eft extrême,
Mes feux feront conftans.

B

Je suis Jardinier, j'aime
Le portrait du Printems.

JULIE, *à Madame de Marsillane.*
Qu'en dites-vous ?

Madame DE MARSILLANE.

Mais... d'esprit il pétille.

Ah ! rien n'est si plaisant !
Répondez-lui , ma fille.

LUCILE.

ARIETTE.

Quand un hommage est sincere,
Il intéresse toujours ;
Et pour parvenir à plaire,
Il ne faut point d'autre secours.
Ah ! si j'étois Jardiniere,
En sachant votre secret,
Je cesserois d'être fiere ;
Mon cœur vous pardonneroit.

Madame DE MARSILLANE.

Mais vous en dites trop , ma fille.

(*A Clitandre.*)
C'est assez.

JULIE, *à part.*
Qu'ils sont tous deux embarrassés !

COMÉDIE.

Madame DE MARSILLANE.
Ces Corbeilles de fleurs semblent bien arrangées.
Avez-vous des oreilles d'Ours?

CLITANDRE, *embarrassé.*
Madame....

Madame DE MARSILLANE.
En les voyant, on croit voir du velours.
De Jacintes, sans doute, elles sont mélangées ?
Je veux les visiter.

CLITANDRE.
Vous ne pourriez les voir :
Déja la nuit étend ses voiles.
(*Le Théâtre commence à s'obscurcir sensiblement.*)

Madame DE MARSILLANE.
Moi j'aime les Jardins au brillant des Etoiles,
Et rien n'est comparable au silence du soir.
À cette heure toujours les secrets se confient,
C'est le moment des tendres cœurs.
Par l'air rafraîchissant, les fleurs se vivifient;
Et j'ai toute ma vie été comme les fleurs.

JULIE.
Attendons à demain pour faire la visite.

Madame DE MARSILLANE.
Eh! bien donc, volontiers.

CLITANDRE.
Enfin m'en voilà quitte.
(*Il sort.*)
B ij

SCENE IV.

JULIE, Madame DE MARSILLANE, LUCILE.

LUCILE, *à part.*

Ah ! ma tranquillité renaît.

Madame DE MARSILLANE.

Vous êtes un homme de robe,
Monſieur, à ce qu'il me paroît ?

JULIE.

Je m'en flatte, Madame.

Madame DE MARSILLANE.

Ah ! que cela me plaît !
On n'a pas un inſtant qu'on ne ſe le dérobe,
Lorſqu'on eſt d'un état auſſi brillant.

JULIE.

Eh ! mais....

Madame DE MARSILLANE.

Madame la Comteſſe eſt donc votre parente ?

JULIE.

Non, Madame ; je me permets
Etant dans ſa Maiſon, tandis qu'elle eſt abſente,
(C'eſt à titre d'ami) d'en faire les honneurs.

Madame DE MARSILLANE.

La chofe eft différente.

Ce dernier titre a bien plus de douceurs ;

N'eft-il pas vrai ?

JULIE.

C'eft une préférence

Que je mérite autant que je le puis.

Madame DE MARSILLANE.

Je vous comprends ; j'ai de l'intelligence.

JULIE.

N'en croyez pas l'apparence.

Je vous jure que je fuis

Un homme fans conféquence.

Madame DE MARSILLANE.

Lucile, allez à votre appartement,

Et de votre fanté ménagez la foibleffe.

LUCILE.

Oui , ma mere ; je vais repofer un moment.

JULIE.

Mathurin, Mathurin, conduifez promprement....

(*Mathurin conduit Lucile dans le corps de bâti-*

ment où l'on remarque le balcon.)

Madame DE MARSILLANE.

Je ne reconnois plus à préfent la jeuneffe.

SCENE V.

Madame DE MARSILLANE,
JULIE.

Madame DE MARSILLANE.

Pour elle de mes soins j'ai perdu tous les frais.
Dans le meilleur Couvent, à Paris élevée,
Son éducation est loin d'être achevée,
Et cela ne sait pas prononcer le François.

JULIE.

Serois-je assez heureux, Madame,
Pour vous être à Paris de quelque utilité ?

Madame DE MARSILLANE.

Ah ! vous me ravissez, Monsieur, je vous reclame
Pour suivre des Procès avec vivacité.
En affaires je suis d'une imbécillité
Que vous ne pouvez pas comprendre,
Et je cede toujours ce qui m'est contesté,
Pour éviter l'ennui de me défendre.

JULIE.

C'est avoir bien de la bonté.

Madame DE MARSILLANE.

ARIETTE.

Toute fille en Provence,
Sous un Ciel pur & beau,

Voit la gaité qui danfe
Autour de fon berceau.
Sa premiere parole
Eft le mot de *plaifir*;
Sa principale école
Eft l'art de le faifir.
Quand le tems décolore
Le Printems du defir,
Des feux de notre aurore
Une étincelle encore
Luit fur notre loifir.
Des feux de notre aurore,
Une étincelle encore
Nous fait dire, *plaifir*!

JULIE.

Je juge par cette peinture,
Que vous ne favez pas parler aux Procureurs.

Madame DE MARSILLANE.

Ah! Fi donc, ce font des horreurs!

JULIE.

Savez-vous bien ce qu'il faut faire?
Remariez-vous.

Madame DE MARSILLANE.

Oui, le confeil eft prudent.

JULIE.

Un mari n'eft qu'un Intendant,
La peine eft fon unique affaire.

B iv

Les hommes sont faits pour plaider,
Et les femmes, tout au contraire,
Sont faites pour s'accommoder.

Madame DE MARSILLANE.

Mon époux est trouvé, puisqu'il faut vous le dire,

JULIE.

A qui le dites-vous ? Je suis dans le secret.

Madame DE MARSILLANE.

Tout de bon ?

JULIE.

La Comtesse en ces lieux vous attire.

Madame DE MARSILLANE.

Je vois que vous êtes au fait.

JULIE.

Si votre époux avoit ma physionomie,
Ne sentiriez-vous pas pour lui d'antipathie ?

Madame DE MARSILLANE.

Je l'aimerois à la fureur,
Et, dès la premiere entrevûe,
Le penchant le plus doux lui livreroit mon cœur.

JULIE.

Allons, embrassez-moi, ma chere prétendue.

Madame DE MARSILLANE.

Quoi ! c'est vous ?

JULIE.

Oui, demain vous porterez mon nom.

Madame DE MARSILLANE.

Voilà l'unique objet de mon ambition.

Ma fille pour le coup fera bien attrapée.

JULIE.

A-t-elle quelque Amant ?

Madame DE MARSILLANE.

Oui vraiment ; dans l'Épée
Elle a beaucoup de soupirans,
Entre lesquels, surtout, est un certain Clitandre,
Que je ne vis jamais ; il se met sur les rangs.

JULIE.

C'est un très-bon parti, vous y pouvez entendre.

Madame DE MARSILLANE.

Oui. Mais parmi les aspirans,
Le Chevalier Damis....

JULIE, *vivement & avec émotion.*

Damis ! n'y peut prétendre.

Madame DE MARSILLANE.

Pourquoi ?

JULIE.

Son cœur est engagé.

Madame DE MARSILLANE.

Oui, ses parens m'ont dit qu'il aime une Julie,
Un peu coquette, assez jolie,
Traitant tout d'un air négligé ;
Séduisante par sa folie.

JULIE.

N'en dites point de mal, de grace.

Madame DE MARSILLANE.

Pourquoi ?

JULIE

J'ai....

J'ai mes raisons. On a très-mal jugé.
Son cœur, solide & sûr, dément toute apparence.
De Julie & Damis l'hymen est arrangé,
　　Et c'est moi qui prends leur défense.

Madame DE MARSILLANE.

　　Dès qu'il est votre protégé,
Clitandre pour Lucile aura la préférence.
Oui ; mais je voudrois bien vous épouser avant :
Ma fille sans cela tâtera du couvent ;
Car, voyez-vous ! je fais grand cas du mariage.

JULIE.

Eh bien ! je pense comme vous.

Madame DE MARSILLANE.

　　Oui ! mais la différence d'âge
Ne sera-t-elle pas un obstacle entre nous ?

JULIE.

Je vous en aimerai mille fois d'avantage,
La raison & l'amour me feront votre époux.

DUO.

　　La flamme de la jeunesse
　　N'est que l'éclair du plaisir.

Madame DE MARSILLANE.

　　A mon âge la tendresse
　　Est le talent de jouir.

JULIE.

　　A votre âge la tendresse

Eſt le talent de jouir.

ENSEMBLE.

La flamme de la jeuneſſe , &c.

JULIE.

Je veux que vous donniez votre fille à Clitandre.

Madame DE MARSILLANE.

Dès que vous l'eſtimez , il deviendra mon gendre.

JULIE.

Madame la Comteſſe heureuſement pour moi
A pour paſſer un bail fait venir un Notaire,
Elle va revenir bientôt pour cette affaire,
Et nous profiterons.... Mais le voici, je croi....

SCENE VI.

Madame DE MARSILLANE,
JULIE, LE NOTAIRE.

LE NOTAIRE.

J'Apprends en arrivant une étrange nouvelle :
Madame la Comteſſe ici me mande exprès ,
On dit qu'elle n'eſt pas chez elle ;
Je repars à l'inſtant ; mes chevaux ſont tout prêts.

Madame DE MARSILLANE.

Non, vous nous êtes néceſſaire.
Il ne faut pas tant vous preſſer ,
Et vous avez ici plus d'un acte à paſſer.

LE NOTAIRE.

Il ne faut pas que je diffère.

TRIO.

Mᵉ DE MARSILL.	LE NOTAIRE.
Demeurez, Monsieur le Notaire.	Ne m'arrêtez pas, Vous ne favez pas Tous mes embarras.
JULIE.	Je n'ai pas pour une af- faire.
Il faut terminer notre affaire.	
Mᵉ DE MARSILL.	On m'attend pour un Inventaire :
Un mariage vaut bien mieux.	J'ai quatre Teftamens à faire ;
JULIE.	
Un mariage eft plus joyeux.	La fûreté d'un Légatai- re,
Mᵉ DE MARSILL.	Un remboursement né- ceffaire :
Demeurez, Monsieur le Notaire.	En pareil cas, en pareil cas,
JULIE.	Jamais on ne diffère ; Ne m'arrêtez pas, Vous ne favez pas Tous mes embarras.
Il faut terminer notre affaire :	
Non, non, vous ne par- tirez pas.	
Demeurez, Monsieur le Notaire,	On me preffe pour dix Contrats De rente viagere ;
Il faut terminer notre affaire.	Un Décret volontaire

D'une maison bâtie à
 neuf.

Cinq Baux de trois, six,
 neuf,

Moi, qui suis valétudi-
 naire,

Je succombe, je suis si
 las.

Me DE MARSILL.
JULIE.

Reposez-vous de votre
 lassitude,
Prenez soin de votre
 santé.

Ne m'arrêtez pas, &c.

J'avois la Chaise la plus
 rude,
Cent fois près d'être cul-
 buté.

LE NOTAIRE.

Je suis tout grelottant, & je crains l'air du soir.
Je voudrois promptement me chauffer & m'as-
seoir.

Madame DE MARSILLANE.

Voilà certainement un rare personnage.

JULIE.

N'oubliez pas Clitandre au moins.

Madame DE MARSILLANE.

J'ai donné ma parole, en faut-il d'avantage ?

LE NOTAIRE.

Pressons-nous.

Madame DE MARSILLANE.

Volontiers, Monsieur ; c'est mon usage.

(A Julie en sortant.)

Pour hâter nos plaisirs, je vais donner mes soins.

(Elle sort avec le Notaire.)

SCENE VII.

JULIE seule.

JE ne puis mieux servir, moi, Clitandre &
Lucile.

Quel plaisir ! je m'amuse en me rendant utile.

A leurs dépens partout je voudrois rire un peu :

Inquiéter l'amour, c'est ranimer son feu.

ARIETTE.

L'amour tourne à son avantage
Les craintes des jeunes amans.
On est plus tendre & moins volage,
On sent mieux le prix des momens :
Au travers même d'un nuage,
On voit briller de doux instans ;
Et les allarmes du bel âge
Sont les orages du printemps.

(A la fin de cette Ariette la nuit est des plus
obscures.)

Mais déja la nuit eſt profonde.
La Comteſſe avec tout ſon monde
Ne peut pas tarder à venir.
Voyons ſi tout eſt prêt... (1) mais... chut, j'entends
ouvrir...
Ceci m'annonce du myſtere.
Reſtons un peu pour découvrir...

SCENE VIII.

LUCILE *ſur le balcon*, CLITANDRE, JULIE.

LUCILE.

MA mere en grand ſecret entretient un No-
taire.
Ciel ! pour me marier m'amene-t-elle ici ?
Mon cœur craint d'en être éclairci.

ARIETTE.

Pourquoi faut-il qu'on s'oppoſe
Au doux penchant de nos feux ?
La contrainte qu'on impoſe,
Rend l'amour plus dangereux.
On veut que l'on ſoit fidelle

---

(1) Elle entend ouvrir la fenêtre du Balcon.

À qui tourmente nos jours !
On veut que l'on soit cruelle
Pour l'objet qui plaît toujours !
Pourquoi faut-il qu'on s'oppose
Au doux penchant de nos feux !
La contrainte qu'on impose
Rend l'amour plus dangereux.

(*Pendant cette Ariette , Clitandre s'approche* *doucement du balcon , & Julie prête* *attentivement l'oreille.*)

CLITANDRE.

C'est elle que j'entends, mon cœur est enchanté.
Profitons de l'obscurité.

DUO Dialogué en sourdine.

CLITANDRE.

Lucile !

LUCILE.

Clitandre ,
Marchez à petits pas ;
On pourroit vous entendre.

CLITANDRE.

Lucile.

LUCILE.

Parlez bas.

CLITANDRE.

C'est l'amour le plus tendre.

LUCILE.

LUCILE.

Parlez tout bas, tout bas.

CLITANDRE.

Vous m'aimez ?

LUCILE.

Je vous aime.

CLITANDRE.

Mais, vous fuyez, hélas !

(*En entendant qu'elle referme la fenêtre.*)

CLITANDRE.	LUCILE.
Quelle foibleſſe extrê-me !	Quelle imprudence ex-trême !
Non, vous ne m'aimez pas.	Non, vous ne m'aimez pas.

CLITANDRE.

De cette frayeur-là je ne ſuis pas la dupe,
　Et vous craignez que ce petit Monſieur,
Portant des cheveux longs avec un air moqueur,
Ne vous épouſe point ; c'eſt ce qui vous occupe.

JULIE, *à part.*

Me voilà donc en jeu.

LUCILE.

　　　　　　Non, non ; ſoyez certain
Que je ne ſens pour lui que de l'indifférence ;
J'aurois à l'épouſer beaucoup de répugnance.

JULIE, *à part.*

Voyez pourtant ce que c'eſt que l'inſtinct.

C

CLITANDRE.

Ainsi, vous ne serez jamais unis ensemble ?

JULIE, *prenant le ton Provençal, & contre-*
faisant la voix de Madame de Marsillane.

Ma fille avec quelqu'un parle dans le jardin;
Cela me surprend.

LUCILE.

Ah ! je tremble !

C'est ma mère.

JULIE.

Un enfant donne bien du chagrin,
Une fille sur-tout; on se tourmente, on crie.
Lucile êtes-vous-là ? Rentrez , je vous en prie :
Il est tard : à tout âge on doit fuir le serein.
On ne me répond rien. J'ai peur qu'on ne m'é-
chappe.

(Elle saisit Clitandre.)

Il me semble qu'on tourne... Enfin je vous attrappe.
Mais ce n'est point ma fille. Oh! vous demeurerez,
Il faut me dire qui vous êtes.
Sur vos promenades secrettes,
Mes regards pénétrans veulent être éclairés.

CLITANDRE, *prenant Julie pour Madame*
de Marsillane.

Elle va m'étrangler.

JULIE.

Parlez.

CLITANDRE.

C'est moi, Madame.

JULIE.

Quoi ! c'est mon cher Guillaume ?

CLITANDRE.

Oui.

JULIE.

Mon meilleur ami ?
Mais Guillaume à présent devroit être endormi.

CLITANDRE.

ARIETTE.

Je me releve
Toutes les nuits,
Je crains qu'on n'enleve
Les fruits.
Je m'intéresse
A ma Maitresse :
C'est mon devoir ;
Et je viens voir
Si quelque main furtive
Ne pille pas, le soir,
Le jardin que je cultive ,
Et qui fait tout mon espoir.

JULIE.

Sans doute vous tirez de très-grands avantages
De l'emploi qui vous est commis ?

Je crois que cependant vous n'avez point de gages ;
Vous vous contentez des profits ?

CLITANDRE, *à part.*

Mes secrets seroient-ils trahis ?
Je n'en puis plus douter, l'intrigue est découverte.

JULIE.

Son embarras me réjouit.

CLITANDRE.

Je n'ai plus qu'un moyen pour empêcher ma perte,
C'est de me dérober sans bruit.

JULIE.

Oh ! demeurez, Monsieur Clitandre.

CLITANDRE.

Moi, Clitandre !

JULIE.

Oui, oui ; le fait n'est pas obscur,
Et c'est votre valet qui vient de le répandre :
Je crois que cet Auteur est sûr.

CLITANDRE.

Eh bien ! Madame, eh bien ! je vous l'avoue.

JULIE.

Voilà de la franchise enfin ; je vous en loue.
Je sais bien ce que je ferai.

CLITANDRE.

Comment ?

JULIE.

Ce sera moi qui vous épouserai.

LUCILE, *sur le Balcon.*

O Ciel, l'époufer!... ah! ma mere,
Je vous conjure du contraire !

JULIE, *toujours contrefaifant la voix de Madame*
de Marfillane.

Comment! Mademoifelle, où donc vous cachez-
vous ?

LUCILE.

Si jamais vous m'avez aimée,
Que Clitandre foit mon époux ;
Je defcends & je vais tomber à vos genoux.

SCENE IX.

LE NOTAIRE, Madame DE MAR-SILLANE, JULIE, CLITANDRE.

LE NOTAIRE, *fans être vû.*

On étouffe la haut à force de fumée,
J'en ai les yeux perdus & je fuis fuffoqué.

Madame DE MARSILLANE, *fans être vûe.*

Cet homme a toujours l'air choqué,
Vos actes ici-bas peuvent fort bien fe faire.

LE NOTAIRE.

Vraiment il le faut bien, pour preffer mon départ.

Madame DE MARSILLANE.

Dans ce fallon portez de la lumiere.

C iij

(Elle paroît avec le Notaire & deux Laquais qui
vont éclairer le fallon où le Notaire entre pour
achever fes Contrats. Dans ce moment Julie fe
retire fans être apperçue.)

CLITANDRE.

Pour rompre fon projet, n'attendons pas plus tard.
Madame, à vos genoux je vous demande grace.

(A Madame de Marfillane, croyant que c'eft elle
qui vient de lui parler.)

Madame DE MARSILLANE.

Que veut donc ce garçon ? Il a les yeux troublés.

CLITANDRE.

Madame, en vérité, quelque effort que je faffe,
Je ne puis me réfoudre à ce que vous voulez.

Madame DE MARSILLANE.

Il a perdu, l'efprit felon toute apparence.

CLITANDRE.

Sur quoi le jugez-vous ?

Madame DE MARSILLANE.

Sur quoi ? comment ! fur quoi ?

CLITANDRE.

J'agis avec franchife autant qu'avec prudence,
Lorfque je dis de bonne foi,
Que je ne puis répondre à votre amour pour moi.

Madame DE MARSILLANE.

Miféricorde ! Ah ! quelle impertinence !
C'eft à faire enfermer.

CLITANDRE.

Cet hymen vous offense ?
Vous venez dans l'inftant de me le propofer.

SCENE X.

LUCILE, & les Acteurs précédens,

Madame DE MARSILLANE.

Contre ce garçon-là, votre mere eft outrée,
Ma fille.

LUCILE.

Votre fille, au défefpoir livrée,
Ofe vous conjurer de ne pas l'époufer.

Madame DE MARSILLANE,

L'époufer ! La folie eft donc univerfelle !

JULIE, *reparoiffant.*

Je ne m'attendois pas au rival que voici.

LUCILE.

Ma mere, j'en aurois une peine cruelle ;
Car il m'a bien promis qu'il feroit mon mari.

Madame DE MARSILLANE.

Votre mari ! Guillaume ?

LUCILE.

Oui.

Madame DE MARSILLANE.

Je fens à chaque inftant ma colere s'accroître.

Je vous enfermerai dès demain dans un Cloître,
Pour empêcher un pareil déshonneur.
(*A Julie.*)
Vous, Monsieur, vous devez prendre sa gloire à
    coeur,
Puisque bientôt vous serez son beau-pere.

LUCILE.

Ma mere, vous prenez Monsieur pour votre époux?

Madame DE MARSILLANE.

Si vous le trouvez bon.

JULIE.

              Madame votre mere
Choisit beaucoup plus mal que vous.

CLITANDRE.

Mais cependant tout à l'heure, à l'entendre...
Madame.....

JULIE, *contrefaisant la Provençale.*

         Voulez-vous sçavoir la vérité?
C'étoit moi qui prenois alors la liberté
De rire à vos dépens, mon cher Monsieur Clitan-
    dre.

Madame DE MARSILLANE.

Clitandre !

CLITANDRE.

Oui, c'est moi, je ne puis m'en défendre.

Madame DE MARSILLANE, *à Julie.*

Vous contrefaites donc ma voix ?

JULIE.

Par *sentiment.*

C'est prouver que toujours je songe à ce que j'aime.

Madame DE MARSILLANE.

Vous ne dites jamais rien qui ne soit charmant.

Clitandre, je pardonne à ce déguisement;

J'approuve votre amour extrême.

A votre hymen, dès ce jour même,

Je donne mon consentement;

Et nous allons ce soir nous marier tous quatre.

Monsieur le Notaire, avancez.

(Le Notaire, accompagné de deux domestiques
qui portent des lumieres, vient faire
signer les contrats.)

JULIE, *à part.*

Dans un instant, elle en pourra rabattre.

LE NOTAIRE.

Les deux contrats sont tous dressés.

Madame DE MARSILLANE.

Allons, ma fille, allons; signez d'abord le **vôtre.**

LUCILE.

Très-volontiers,

CLITANDRE.

Je suis au comble de mes **vœux;**

Madame DE MARSILLANE, *à Julie.*

A présent procédons au nôtre.

Que de bon cœur je contracte ces nœuds!

J'ai signé. C'est à vous. Quoi ! vous signez , *Julie !*

JULIE.

Mais il le faut bien ; c'est mon nom.

Madame DE MARSILLANE.

Ce n'est point là le nom d'un homme.

JULIE.

Vraiment non.

Je suis , je vous le certifie,
Belle-fille de la maison.

Madame DE MARSILLANE.

Quelle méprise ! ô Ciel !

JULIE.

Consolez-vous. Mon frere
Doit arriver bien-tôt exprès pour cette affaire.

Madame DE MARSILLANE

Vous me trompez encor ?

JULIE.

Je suis sa caution.

Madame DE MARSILLANE.

Je la recuse. Après un long veuvage ,
Je ne saurois goûter un mariage
Dont vous portez la procuration.

SCENE XI.

MATHURIN, Acteurs précédens.

MATHURIN.

ARIETTE.

GRANDE allégresse
Dans le hameau ;
Madame la Comtesse
Revient dans son château.

TOUS.

Ah ! la bonne nouvelle !

MATHURIN.

Elle amène avec elle
Un bien joli garçon.

Madame DE MARSILLANE.

Ah ! la bonne nouvelle.

MATHURIN.

Il a la taille belle,
Il a bonne façon.

JULIE.

La chose est claire,

C'eſt mon frere.

Madame DE MARSILLANE.

C'eſt votre frere ?

JULIE.

Oui, c'eſt mon frere.

Madame DE MARSILLANE.

Bon, bon, bon, bon :
Mon cœur ne fait qu'un bond ;
Je ſuis... je ſuis ravie :
Demain je me marie,
Et tout de bon.

TOUS.

Grande allégreſſe
Pour le hameau ;
Madame la Comteſſe
Revient dans ſon Château.
Ah ! la bonne nouvelle !
Allons au-devant d'elle,
Tout en chantant,
Tout en ſautant.

SCENE XII. ET DERNIERE.

DIVERTISSEMENT.

Le Théâtre est tout-à-coup illuminé par des Girandoles & des Lampions. La Comtesse paroît avec le frere de Julie, & plusieurs Seigneurs & Dames. Julie présente à la Comtesse Madame de Marsillane, Lucile & Clitandre. Elle présente ensuite son frere à Madame de Marsillane. Après avoir exprimé tous leur satisfaction, ils se placent sur des Banquettes pour jouir de la Fête que l'on a préparée. Toute cette derniere Scene est pantomime. Les gens du Château galamment habillés viennent en dansant offrir des Bouquets à la Compagnie.

VAUDEVILLE.

JULIE.

CHŒUR. *Gaiment.*

Pour les a - mans & les

bel - les, Toujours ma - lin & ru-

sé, Sous mille for - mes nou - vel - les,

On voit l'A - mour dé - gui - sé.

Seule, montrant Cliandre.

Chan-geant l'é - pée en fer - - pet - te,

Mon-sieur se fait Jar - di - nier, Pour cul-

ti - ver en ca - chet - te Quelque

ro - fier prin - ta - - nier.

Au Chœur.

CHŒUR.

Pour les amans & les belles, &c.

CLITANDRE.

Pour fe cacher de fa mere,
Qu'il bleffa d'un de fes traits,
L'amour, en quittant Cythere,
De Lucile a pris les traits.
Pour cette fois je vous jure
Que c'est un mal avifé :
Sous cette aimable figure,
(*Montrant Lucile.*)
L'Amour n'est pas déguifé.

LUCILE.

Je me cachois à moi-même
Le doux penchant de mon cœur ;
Mais tout trahit, quand on aime ;

L'Amour est toujours vainqueur.
Quand on est sincere & tendre,
De feindre il n'est pas aisé;
Non, mon cœur pour vous, Clitandre
Ne peut être déguisé.

JULIE, *au Public.*

On a banni la franchise,
Rien ne paroît dans son jour :
Aujourd'hui tout se déguise,
La Ville imite la Cour :
Mais notre zéle sincere,
Messieurs, n'est point supposé;
Lorsque l'on cherche à vous plaire,
Le cœur n'est point déguisé.

(Des Provençaux forment une Entrée, & le Divertissement se termine par un Ballet général.)

FIN.

APPROBATION.

J'Ai lû, par ordre de Monseigneur le Chancelier, *l'Amant déguisé ou le Jardinier supposé*, Comédie en un Acte, & mêlée d'Ariettes, je crois qu'on peut en permettre l'impression. A Paris ce 31 Août 1769.

MARIN.

Le *Privilége & l'enregistrement se trouvent au corps des Œuvres de M. Favart.*

De l'Imprimerie de la Veûve Simon, Imprimeur de S. A. S. Monseigneur le Prince de Condé, & de l'Archevêché, rue des Mathurins, 1769.